# Baleias, Golfinhos e outros Grupos

Escrito por Cynthia O'Brien
Tradução de
Evandro Rodrigues

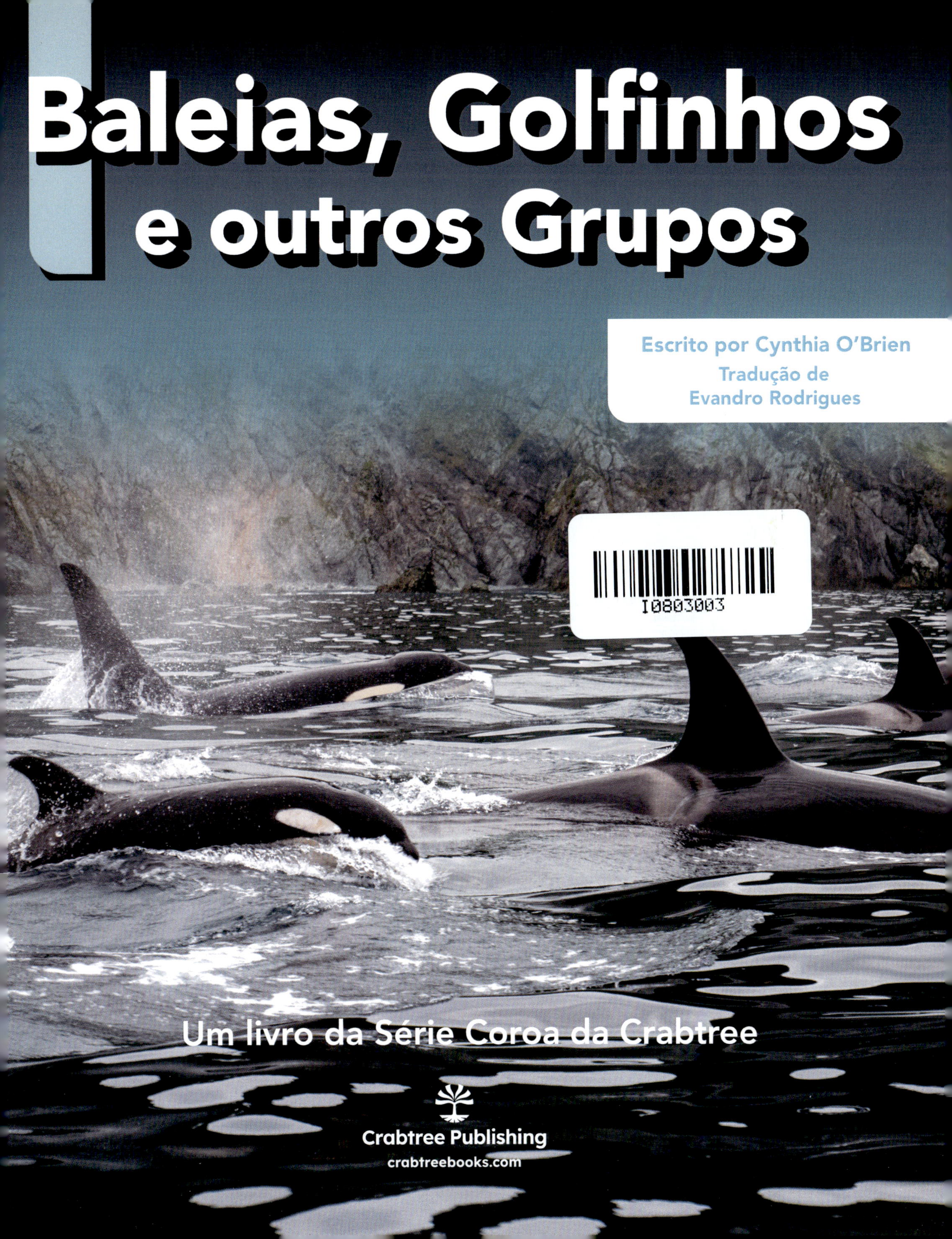

I0803003

Um livro da Série Coroa da Crabtree

Crabtree Publishing
crabtreebooks.com

**Autora:** Cynthia O'Brien

**Elaboração e Pesquisa da Série:**
Reagan Miller, Janine Deschenes

**Redatora:** Janine Deschenes

**Revisora:** Kathy Middleton

**Elaboração e Pesquisa Fotográfica:**
Katherine Kantor

**Créditos de imagem:**
Istockphoto: Dougall_Photography : p. 24–25 (parte inferior) edia Commons: p. 17 (topo)
Todas outras imagens extraídas da Shutterstock

**Crabtree Publishing**

crabtreebooks.com 800-387-7650
Copyright © 2026 Crabtree Publishing
Todos direitos reservados. Nenhuma parte desta publicação pode ser reproduzida, distribuída ou transmitida por qualquer forma ou por qualquer meio, incluindo métodos eletrônicos e mecânicos, fotocópias, gravação, ou de outro modo, sem a prévia autorização da Crabtree Publishing.
No Canadá: agradecemos o apoio financeiro do Governo do Canadá por meio do Canada Book Fund para nosso trabalho editorial.

Printed in the U.S.A.
CP022026

**Publicado no Canadá**
**Crabtree Publishing**
616 Welland Ave.
St. Catharines, Ontario
L2M 5V6

**Publicado nos Estados Unidos**
**Crabtree Publishing**
347 Fifth Ave
Suite 1402-145
New York, NY 10016

**Catalogação na Publicação pela Library and Archives Canada**
Disponíveis na Library and Archives Canada

**Dados de Catalogação na Publicação pela Biblioteca do Congresso**
Disponíveis na Biblioteca do Congresso

Hardcover: 978-1-0398-8130-3
Paperback: 978-1-0398-8491-5
Ebook (pdf): 978-1-0398-8250-8
Epub: 978-1-0398-8370-3
Audio: 978-1-0398-8533-2
Read-Along: 978-1-0398-8575-2

# Conteúdo

# O que é um Grupo?

Pessoas em famílias e comunidades vivem juntas ou em bairros. Você já percebeu que muitos animais também vivem, caçam, ou se locomovem juntos em grupos? Os grupos de animais, chamados de coletivos, possuem diferentes nomes. Chamamos de cardume um grupo de peixes que nadam juntos. Cervos vivem juntos em manadas. Chamamos de grupo de animas aquáticos o coletivo de animais que vivem, se locomovem ou caçam juntos dentro d´água, como fazem as baleias e os golfinhos. Os hipopótamos e as lontras também são **espécies** de animais que vivem em grupos.

*As baleias e a maioria dos golfinhos são* ***mamíferos*** *marinhos. Eles vivem em grupos nos oceanos e mares salgados.*

Os grupos de animais podem ser de diferentes tamanhos, de apenas dois animais ou com 20 ou mais. Às vezes, os grupos se unem para formarem grupos ainda maiores, e aumentam conforme nascem outros animais. Animais adultos geralmente abandonam o grupo para se unirem a outro ou formarem um novo grupo.

*Alguns grupos, como os dos hipopótamos e dos botos, vivem em água doce.*

# Por que os animais vivem em Grupos?

Conviver em grupos contribui para que os animais se **reproduzam**, encontrem alimentos, e se socializem. Também ajuda-os a mantê-los protegidos de **predadores**.

Os filhotes dos grupos dependem de suas mães. Eles também recorrem aos animais adultos do grupo para se protegerem. Às vezes, as mães baleias e as mães golfinhos formam berçários com outras mães e seus filhotes. As mães ajudam a cuidar dos filhotes umas das outras.

*As baleias-jubarte se comunicam com populações de outros grupos por meio de sons que se propagam dentro da água. Elas saltam para fora da água e fazem espuma na superfície. Elas também batem as nadadeiras e caudas na superfície da água.*

Alguns grupos são compostos de núcleos familiares. Muitos outros grupos possuem animais sem vínculo familiar. Grupos de solteiros, por exemplo, são formados quando grupos de jovens machos de baleias se juntam. Grupos pequenos normalmente se unem a outros grupos para **migrarem**. Os animais mais velhos ajudam a proteger os mais novos durante o percurso.

*Chamamos de "supergrupo" quando muitos grupos de golfinhos se juntam, o que podem ter centenas ou até milhares de golfinhos!*

# Baleias

## Em resumo

**Número de espécies:** Mais de 80
**Tamanho do baleal:** De 2 a 30 ou mais
**Localização:** Em todos os oceanos

As espécies de baleia se dividem em dois tipos: as de **barbatanas** e as dentadas. As de barbatanas são normalmente maiores do que as baleias dentadas. A baleia-azul é uma do tipo baleia de barbatana. É o maior animal da Terra e vive a maior parte do tempo solitária. Muitas outras baleias pertencem a grupos, ou baleais, o tempo todo ou temporariamente.

Pelo menos 70 espécies são dentadas, incluindo os golfinhos e cachalotes. Baleias-dentadas pequenas, como as belugas, vivem frequentemente em baleais maiores, que as protegem contra grandes predadores, como os ursos polares. Muitas baleias também vivem juntas porque são bastante sociáveis. Elas se comunicam e brincam umas com as outras.

*Devido a seu tamanho e força, as baleias-azuis quase não possuem predadores. Não necessitam da proteção de um baleal.*

## Você sabia?

As baleias-dentadas usam **ecolocalização** para encontrarem alimento e terem senso de orientação no oceano. Primeiro, as baleias emitem sons. Depois, elas atentam-se ao eco ou retorno do som dos objetos no mar.

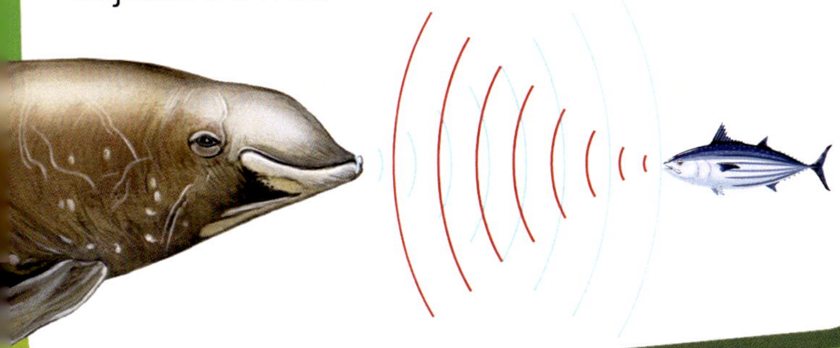

A orca é tanto um tipo de golfinho como uma baleia-dentada.

*Uma baleia-de-barbatana possui um sistema único de alimentação dentro da boca. Primeiro, ela abre a boca e ingere a água do mar. Então, expele a água. Enquanto a água escorre para fora, as franjas de cerdas dentro da boca capturam qualquer* ***presa*** *pequena na água.*

# Baleias-jubarte

## Em resumo

**Número de subespécies:** Três—Atlântico Norte e Pacífico Norte, e **Hemisfério** sul
**Tamanho do baleal:** De 2 e 15
**Localização:** Águas costeiras de todos oceanos

*O canto das baleias-jubarte pode ser ouvido embaixo d'água a muitos quilômetros de distância.*

Baleias-jubarte são da espécie de barbatana. Elas migram por longas distâncias, das áreas de alimentação em águas frias à reprodução em águas mais quentes. Migram sozinhas ou em pequenos baleais. Quando chegam, formam baleais maiores.

Os machos da baleia-jubarte também formam baleais concorrentes por curtos períodos. Vários machos tentam atrair uma fêmea. Eles se empurram, batem com as **nadadeiras caudais** na água, ou impulsionam com a cabeça. A baleia mais forte conquista a fêmea e permanece com ela.

Os machos também cantam, provavelmente para atraírem as fêmeas. Cada baleal possui seu próprio canto, que muda com o tempo. Às vezes, as baleias compartilham o canto com baleais próximos.

*As baleias-jubarte, eventualmente, batem com a cauda na superfície da água antes de descerem para caçar. Esse processo chama-se de lobtail feeding. As baleias aprendem essa técnica com as outras baleias.*

## Permanecendo juntas

As baleias-jubarte caçam juntas. Formam um círculo e mergulham bem fundo. Quando nadam para cima, elas rodopiam e soltam bolhas de ar. As bolhas criam uma rede que empurram muitos peixes para o centro do círculo. Então, as baleias podem abrir bem a boca e ingerir o alimento.

# Cachalotes

## Em resumo

**Número de subespécies:** Três: cachalote comum, pigmeu e cachalote-anão
**Tamanho do grupo:** De 15 a 20
**Localização:** Entre águas mornas e quentes no mundo inteiro

O cachalote, de mergulho profundo, é a maior baleia dentada. Essas baleias normalmente se juntam em grandes números por períodos curtos de tempo, especialmente durante a época da reprodução. As fêmeas formam baleais com outras fêmeas e suas proles na família. Elas convivem nesses baleais a vida inteira. Enquanto uma mãe - ou mais de uma - caça, as outras baleias cuidam dos filhotes.

*Os cachalotes machos deixam seus baleais familiares quando atingem entre 4 e 21 anos de idade. Eles podem viajar sozinhos ou formarem baleais de solteiros.*

*As fêmeas dos cachalotes usam codas específicos com seus filhotes.*

Cachalotes possuem um conjunto de cliques rápidos para se comunicarem, que são chamados de codas. Cada coda possui um propósito diferente. Um coda pode significar que uma baleia esteja rastreando uma presa ou pode estar avisando que um navio baleeiro esteja próximo. Os cachalotes também possuem codas individuais. Esses diferentes codas ajudam as baleias a se reconhecerem.

## Permanecendo juntos

Os cachalotes trabalham juntos para afastarem os predadores, como as orcas. Com a cauda para fora da água, as baleias formam um círculo em volta das baleias mais jovens. Juntas, elas batem com a cauda na água, com força, o que impossibilita que as orcas se aproximem.

*Cachalotes mergulham até mil metros abaixo da superfície. Eles podem permanecer embaixo d'água por mais de uma hora.*

# Belugas

## Em resumo

**Tamanho do baleal:**
De cinco a mais de mil
**Localização:**
Principalmente nas águas costeiras do Ártico e Subártico

As belugas são baleias dentadas pequenas. Vivem em baleais para garantirem proteção, caçarem e se **socializarem**. O adulto macho de maior tamanho normalmente lidera o grupo. Muitos baleais geralmente migram juntos, o que protege as belugas contra os predadores. As fêmeas também formam grandes berçários com outras baleias adultas e os filhotes. Elas ensinam as mais jovens a caçarem e sobreviverem. As belugas também se movimentam de um baleal para outro, e fazem amizade com novos baleais.

*Os bebês das Belugas são acinzentados. Eles mudam de cor lentamente e ficam brancos entre os sete e oito anos de idade.*

As belugas são sonoras e sociáveis. Ela emitem sons como trinados, assovios, e cliques para se comunicarem umas com as outras. Elas também fazem diferentes expressões faciais. Os cientistas estão estudando as belugas para descobrirem o que significam os sons e as expressões.

*O topo da cabeça da beluga é uma massa flácida chamada de melão. O melão se move quando a beluga emite sons.*

*Na maioria das vezes, a beluga sopra bolhas por seu espiráculo. Elas também podem usar a boca para fazerem isso.*

**Você sabia?**

As belugas mostram seus sentimentos soprando bolhas. Bolhas pequenas, ou em forma de anel, significam que estão felizes e brincando. Uma rajada brusca de bolhas pode significar que a beluga esteja assustada ou que queira alertar outras baleias sobre algum perigo.

# Narvais

## Em resumo

**Tamanho do grupo:** De 15 a 20
**Localização:** Rios e águas costeiras do ártico

O narval é parente próximo da beluga. É famoso por sua presa longa e helicoidal. Normalmente, somente os machos possuem presas. A presa é, na verdade, um dos dois dentes do narval. Os cientistas estão aprendendo mais sobre isso. A presa pode ajudar os narvais a caçarem. Os narvais, às vezes, parecem tocar com as presas como forma de brincadeira ou carinho. Os grupos de narvais machos também parecem exibir suas presas para atraírem as fêmeas.

*Os narvais movimentam e giram suas presas para parecerem ferozes aos predadores, mas eles não as usam para lutarem uns com os outros.*

No inverno, os narvais ficam em grupos menores. No verão, centenas, ou até milhares de narvais, migram para o norte em direção às áreas de reprodução. E lá os grupos se unem para criarem grupos grandes. Grupos maiores reúnem machos e fêmeas para reprodução. Eles também proporcionam mais proteção aos filhotes.

*Alguns grupos pequenos de narvais são compostos apenas de machos. Alguns são constituídos de fêmeas e seus filhotes. Outros são grupos misturados de machos e fêmeas.*

**Você sabia?**

Narvais podem chegar a viver mais de 125 anos. A sua pele muda conforme a idade. Filhotes recém-nascidos são cinza-claros ou marrons. Com o tempo, eles apresentam manchas pretas e brancas. Os narvais mais velhos ficam mais claros novamente.

# Golfinhos

## Em resumo

**Número de espécies:** Quase 40 golfinhos de oceano e seis de água doce
**Tamanho do grupo:** De cinco a mais de mil
**Localização:** Golfinhos de oceano: oceanos e mares no mundo inteiro; Golfinhos de água doce: Ásia e América do Sul

Os golfinhos são baleias-dentadas pequenas e inteligentes. Eles se unem em grupos para se alimentarem, ensinarem os mais jovens, e manterem-se seguros. Os golfinhos também ajudam quando os membros de outros grupos estão feridos ou doentes.

Grandes grupos de golfinhos podem se unir para manterem predadores distantes. Os machos adultos ficam em vigília contra o perigo. Se orcas em busca de caça se aproximam, os golfinhos machos alertam o restante do grupo. Os golfinhos se aproximam imediatamente uns dos outros e fogem em grupo.

Golfinhos fêmeas e seus filhotes também se unem em viveiros. Algumas fêmeas cuidam dos filhotes enquanto outras caçam alimentos.

*Nos viveiros, os filhotes aprendem com suas mães as habilidades que precisam para sobreviverem.*

*Golfinhos gostam de brincar juntos na água. Eles saltam sobre as ondas e nadam com rapidez atrás de barcos.*

*Botos da Amazônia são os maiores golfinhos de água doce. São conhecidos por sua singularidade na cor rosa.*

**Você sabia?**

Os golfinhos possuem memória muito boa e fazem amizade íntima com outros golfinhos. Um golfinho consegue reconhecer os sons específicos de outro golfinho, mesmo após muitos anos sem se encontrarem.

# Golfinhos-roaz

## Em resumo

**Número de subespécies:** Duas – nariz-de-garrafa comum e nariz-de-garrafa do Indo-Pacífico
**Tamanho do grupo:** De 2 a 15
**Localização:** Oceanos de águas mornas no mundo inteiro

Os golfinhos-roaz são sonoros e sociais em seus grupos. Eles emitem diferentes sons para se comunicarem. Cada golfinho-roaz cria seu próprio assobio logo após nascer. Esse assobio característico funciona como seu nome. Os golfinhos respondem ao assobio e podem ser identificados por ele.

*Golfinhos-roaz podem nadar na velocidade de até 35 km/h.*

Grupos de golfinhos-roaz mudam com frequência conforme alguns animais partem e outros chegam. Às vezes, golfinhos machos, por exemplo, formam grupos pequenos com seus melhores amigos.

Golfinhos em um grupo protegem uns aos outros. Uma maneira é manter um olho aberto enquanto dormem. Eles ficam atentos à presença de predadores e avisam o resto do grupo se houver perigo se aproximando.

*Grupos de golfinhos-roaz circulam bem próximos de um cardume. Então, os golfinhos se revezam, atravessando o círculo para se alimentarem.*

## Permanecendo juntos

Golfinhos-roaz cooperam na caça. Eles ensinam truques de caça uns aos outros. Alguns usam sua cauda para bater e tontear os peixes. Outros golfinhos aprendem a usar uma concha ou fazer um anel de lama para capturar os peixes.

*Às vezes, os golfinhos-roaz unem-se a outros grupos de baleias-dentadas. Isso proporciona mais proteção contra predadores. E também pode facilitar a caça.*

# Orcas

## Em resumo

**Número de subespécies:** Múltiplos **ecótipos**, conforme onde habitam no mundo
**Tamanho do grupo:** De dois a 40
**Localização:** Em costas e oceanos abertos do mundo inteiro

*Orcas se comunicam entre elas por meio de cliques embaixo d'água, assim como assobios e gritos. Cada grupo possui gritos distintos.*

As orcas são os golfinhos maiores. Dois grupos **residentes** habitam o Oceano Pacífico, próximo ao litoral da Colúmbia Britânica, no Canadá, e o estado de Washington, nos EUA. Outros grupos locomovem-se pelos oceanos.

A orca permanece com a família de sua mãe a vida inteira. Os machos acasalam com orcas de outras famílias, mas retornam ao grupo de sua mãe. Orcas fêmeas mais velhas lideram os grupos familiares. Elas ensinam as baleias mais jovens a caçarem e evitarem se aproximar de barcos.

Grupos familiares passam o tempo com grupos conhecidos. Isso cria um clã que identifica os gritos uns dos outros. Vários clãs formam uma comunidade. Comunidades em diferentes partes do mundo possuem seus próprios sons e procedimentos de caça.

*Grupos de orcas norueguesas desenvolveram a técnica de "alimentação em carrossel". Elas cercam um cardume e o pressionam até formarem uma bola. Então, batem com a cauda na bola de peixes, matando muitos de uma vez só.*

## Permanecendo juntas

Grupos de orca trabalham juntas para caçarem focas. As orcas nadam enfileiradas em direção às focas, que estão sobre o gelo. Quando as orcas se aproximam, elas batem a cauda rapidamente ao mesmo tempo. Isso cria uma grande onda, que empurra as focas para dentro da água.

*Orcas frequentemente mantêm a cabeça fora da superfície da água para observarem à sua volta. Isso se chama espreitadela.*

# Toninhas

## Em resumo

**Número de espécies:** Sete, incluindo a toninha-comum
**Tamanho do grupo:** De 2 a 10
**Localização:** Zonas costeiras do mundo inteiro, rios na Ásia

*Cientistas e pesquisadores ainda estão aprendendo mais sobre as toninhas. Uma vez que elas tendem a ser mais reservadas e locomovem-se em pequenos grupos, é mais difícil estudá-las.*

As toninhas são da família dos golfinhos. A maioria vive em pequenos grupos. Um grupo pode ter apenas uma mãe e seu filhote. Toninhas podem juntar-se livremente a grupos maiores quando estão caçando ou reproduzindo. Elas passam a maior parte do tempo em busca de alimento, como peixes e lulas.

Um estudo recente descobriu que toninhas podem caçar em grupo. Cada animal parece ter uma função a exercer. Enquanto algumas toninhas aguardam, outras nadam em volta de um cardume. Depois, uma toninha reparte o cardume. As que esperam podem, então, atacar enquanto os peixes fogem do grupo.

*Uma toninha mãe alimenta seu filhote por volta de oito meses. O filhote, então, passa a se alimentar de peixes.*

### Você sabia?

O boto-de-dall é uma espécie de toninha que vive no norte do Oceano Pacífico, próximo ao Alasca. Assim como alguns golfinhos, essas toninhas gostam de nadar na proa. Elas nadam nas ondas criadas pela proa – parte dianteira dos barcos. Alguns pesquisadores acreditam que esse tipo de nado ajuda os animais a se locomoverem de um lugar a outro **com eficiência**. Outros pensam que é apenas uma forma de diversão dessa espécie.

# Hipopótamos

## Em resumo

**Número de espécies:** Duas—hipopótamo-comum e hipopótamo-pigmeu
**Tamanho do grupo:** De 10 a 30
**Localização**: Lagos e rios no leste e sudeste da África; oeste da África

Embora o hipopótamo-pigmeu viva solitário, o hipopótamo-comum vive em grupos, que também são chamados de manadas. Os hipopótamos são animais sociais, mas, às vezes, as manadas ficam muito populosas. Mais de cem hipopótamos podem desejar um espaço na água para se refrescarem, o que pode causar problemas na manada. Os machos maiores e mais velhos lutarão para obterem sua posição na manada.

*A mãe hipopótamo protege bastante o seu filhote. O filhote permanece com a mãe por muitos anos.*

Os hipopótamos são um dos maiores animais terrestres, mas predadores ainda os atacam. Os hipopótamos jovens são principalmente **vulneráveis** a predadores como os leões. Viver em manadas ajuda-os a mantê-los seguros. O macho dominante ajuda a proteger a manada. Ele intimida os predadores abrindo bem a boca, grunhindo e mostrando seus dentes.

*Um hipopótamo passa a maior parte do seu dia dentro d'água. Isso ajuda-o a ficar refrescado. À noite, ele sai da água para se alimentar de pasto.*

**Você sabia?**

Os hipopótamos liberam na pele um líquido oleoso vermelho ou cor-de-rosa. Parece suor de sangue! Na verdade, o líquido ajuda a manter a pele hidratada e protegê-la do sol.

*Os hipopótamos não nadam; eles caminham sobre o fundo do rio. Eles também se impulsionam no fundo para andarem para frente.*

# Lontras-Marinhas

## Em resumo

**Número de espécies:** Três—Asiática, setentrional, austral
**Tamanho dos grupos:** Média de 10, mas podem ser muito mais, às vezes
**Localização:** Águas da costa do Oceano Pacífico

*A lontra-marinha é o menor mamífero marinho da América do Norte. A maioria habita a costa do Alasca.*

As lontras-marinhas passam a maior parte da sua vida no oceano. Esses pequenos animais podem viver sozinhos, mas também ficam em grupos. Grupos de lontras-marinhas: também são chamados de rafts, em inglês. Os machos e as fêmeas vivem em grupos separados. Os grupos de machos são normalmente maiores. Às vezes, as mães e seus bebês, os filhotes, formam berçários. As mães ajudam a proteger os filhotes contra os predadores; dentre eles estão as águias.

As lontras-marinhas normalmente procuram por alimento sozinhas, mas os grupos oferecem proteção contra os predadores. Isso é fundamental principalmente quando elas estão dormindo. As lontras-marinhas também ajudam umas às outras. Por exemplo, uma lontra ajudando outra que esteja presa em uma rede.

## Permanecendo juntas

As lontras-marinhas, frequentemente, dormem juntas em grupos. Elas se deitam próximas umas das outras e de barriga para cima. Elas se enrolam em kelps, um tipo de alga, para evitar flutuarem em direção ao oceano.

*Uma mãe lontra-marinha mantém seus filhotes por perto, segurando-os frequentemente no colo. Quando ela mergulha em busca de comida, ela enrola os filhotes em algas para mantê-los seguros.*

*Ao dormirem, as lontras-marinhas, ficam de mãos dadas para evitarem que se desprendam das outras.*

# Glossário

**barbatana** Uma substância que cresce na parte interna da boca de uma baleia-de-barbatana, criando fileiras de cerdas finas que filtram o alimento da água do mar

**com eficiência** Completar uma tarefa ou atividade de maneira que funcione bem e não haja perda de tempo ou energia

**ecolocalização** A habilidade de um animal em localizar objetos em seu ambiente, emitindo e recebendo sons

**ecótipos** Grupos distintos em uma espécie, que são adaptados aos seus ambientes específicos

**espécie** Um grupo de seres vivos com características semelhantes, no qual dois animais possam gerar bebês

**Hemisfério** Uma metade da Terra, dividida pelo equador entre Hemisférios Norte e Sul

**mamíferos** Animais vertebrados e de sangue quente. Mamíferos bebês bebem leite do corpo de suas mães.

**migrar** Referente a animais: locomover-se de um lugar a outro, geralmente de acordo com a estação

**nadadeiras caudais** Nadadeiras da cauda da baleia

**predadores** Animais que caçam outros animais como alimento

**presa** Animal que é caçado por outros animais como alimento

**reproduzir** Ter bebês

**residente** Que permanece em um local por um longo período de tempo

**socializar** Viver e interagir com outros em um grupo

**subespécie** Duas categorias distintas, ou mais, de uma espécie

**vulnerável** Que pode ser facilmente caçado

# Descobrindo Mais

## Na Internet

**https://ocean.si.edu/ocean-life/marine-mammals/why-do-whales-sing**
Confira este vídeo explica como as baleias cantam para se comunicarem entre si.

**https://kids.nationalgeographic.com/animals/mammals/facts/orca**
Qual é o comprimento dos dentes da orca? Quais téchnicas de caça os grupos de orca usam? Saiba as respostas a essas perguntas, entre outras.

**www.natgeokids.com/uk/discover/animals/sea-life/dolphins**
Descubra informações incrivels sobre os golfinos-roaz.

## Livros

Coleman, Clara. *Animal Teamwork: Whales Work Together*. PowerKids Press, 2017.

Spence, Kelly. *Bringing Back the Humpack Whale*. Crabtree Publishing, 2019.

Swanson, Jennifer. *Absolute Expert: Dolphins*. National Geographic Kids, 2018.

# Índice



# Sobre a Autora

Cynthia O'Brien escreveu muitos livros infantis, incluindo livros sobre animais e a natureza. Pesquisando para este livro, ela aprendeu bastante sobre como os animas vivem juntos e ajudam uns aos outros de maneiras diferentes.